Trucos de magia para principiantes

Trucos de magia para principiantes

Editorial Época, S.A. de C.V.
Emperadores 185
Col. Portales
C.P. 03300, México, D.F.

Trucos de magia para principiantes

Emperadores núm. 185, Col. Portales
C.P. 03300, México, D.F.
email: edesa2004@prodigy.net.mx
www.editorial–epoca.com.mx
Tels.: 56-04-90-46
56-04-90-72

ISBN: 970-627-593-2
ISBN: 978-970-627-593-6

Impreso en México — *Printed in Mexico*

INTRODUCCIÓN

La magia es muy difícil de definir, aunque podría ser mucho más sencillo tomar un diccionario y basarnos en el significado que nos proporciona, el cual dice lo siguiente: *es el conjunto de creencias y prácticas basadas en la idea de que existen poderes ocultos en la naturaleza, y que se deben conciliar o conjuntar, para conseguir un beneficio o provocar una desgracia*. Sin embargo, esta definición se refiere propiamente a la utilización de varios elementos para lograr, con la ayuda de la naturaleza, un efecto, porque para que haya dicho efecto tiene que haber forzosamente una acción, lo que podría ser un tema bastante complicado, sobre todo para aquellos que sólo requieren de utilizar una de las ramas de la magia, que es el ilusionismo.

Y es que muchos de los trucos que realizan los magos provienen básicamente del arte de producir fenómenos en aparente contradicción con las leyes naturales. Dicho de una manera más sencilla, crean todo un ambiente que les permite realizar actos que ante los ojos de los espectadores son increíbles.

De modo que calificar de magia a todos los actos y trucos sería erróneo, pero también lo sería el descartarlos de la óptica humana, que está ávida de encontrar cosas extraordinarias a su alrededor, pues la magia es un estado mental y un don que muy pocos pueden desarrollar propiamente, pero que todos con la ayuda de algunos trucos pueden realizar.

Trucos de magia para principiantes es precisamente una guía que nos permite distinguir la verdadera magia del ilusionismo, y nos ayuda a convertirnos en todo un mago que puede, en determinado

momento, desarrollar capacidades que puedan conectarse con los poderes de la naturaleza.

Aquí usted encontrará desde la forma de confeccionarse un atuendo profesional, hasta garantizarles a sus espectadores una presentación digna, llena de asombros y libre de aburrimientos.

LA MAGIA Y EL ILUSIONISMO

Desde la aparición de ciertos libros y películas que han marcado una moda en la época actual, los niños se han interesado en descubrir algunas de las ramas ocultas que habían quedado olvidadas, tal como es la magia.

Pero la mayoría de los menores cree que magia se refiere a mover cosas, realizar algunos hechizos y hacer encantamientos, aunque la verdad es que existen muchas subramas, como el ilusionismo, que son más sencillas de dominar.

Y es que resulta que la mente humana sí tiene la capacidad de mover objetos sin tocarlos, de presentir cosas y de proyectar situaciones a kilómetros de distancia, pero para conseguirlo necesitamos de una rutina y práctica titánica que muy pocos pueden conseguir. Lo que afortunadamente los libros a los que hacemos referencia nos muestran con mucha claridad, al tener los niños que asistir a un "colegio especial".

Sin embargo, nosotros en este libro vamos a dejar de lado la utilización de poderes psíquicos y el empleo de hierbas que dan con el poder de los astros algunos resultados, para únicamente enfocarnos a cosas materiales que confeccionamos y realizamos de acuerdo con nuestras posibilidades, tanto económicas como de habilidad.

Así, podemos echar mano de un cartoncillo y un poco de pintura para hacernos un sombrero de mago, o usar vasos y una pelotita para tratar de desaparecerla.

ATUENDO DE UN MAGO

Todo mago debe contar con un atuendo digno de sus poderes, y para ello necesita representar en él a los cuatro elementos, que son:

- Fuego
- Tierra
- Agua
- Aire

Fuego:

Hace mucho tiempo, en una de las regiones apartadas de la tierra, vivía una tribu de cavernícolas que se alimentaba sólo de carne cruda y, tanto era su hastío que el jefe manifestó en una ocasión que ya estaba cansado de comer la carne de esa manera, esperando encontrar la forma de cambiarle el sabor.

Sucedió que una noche de tormenta los cavernícolas se encontraron de pronto con un animal desconocido; era de color amarillo y poseía brazos que crecían tornándose anaranjados; se trataba del fuego que devoraba sin piedad el tronco de un árbol. Todos observaban con temor hasta que un curioso se atrevió a acercarse poniendo una rama larga contra el tenebroso animal. De inmediato, la rama comenzó a quemarse llevando en el extremo superior una llama humeante.

Al volver el cavernícola, mostró a sus compañeros el extraño espectáculo. Le echó hojas secas y notó que la llama aumentaba, arrojó un poco de agua y pudo ver que casi la extinguía, luego colocó su dedo índice dándose cuenta de que ésta le causaba dolor; ya en último lugar arrojó un trozo de carne y todos pudieron observar que no sólo cambiaba de color sino de sabor. Fue así como nació el fuego, y desde entonces ha sido utilizado como uno de los elementos principales para la supervivencia del ser humano.

Tierra:

Érase una vez el rincón más feliz de la tierra, en donde todo florecía y los alimentos se daban en abundancia. Pero sucedió que por la ambición de los hombres las extensiones dejaron de dar frutos, confinando a la miseria hasta al más joven e inocente de los habitantes, y por más que hacían para repararla, no conseguían de ella ni una sola flor.

Cierto día, pasaba por el lugar un hombre que intentaba devolverles el sustento a los demás; se trataba de un forastero que llevaba consigo algunas semillas; sin embargo, primero debía restituirles el amor que habían perdido a cada uno de los habitantes.

Fue entonces cuando a unos los hizo reflexionar, y a otros los ayudó a entrar en razón con acciones, pudiendo al fin dejarles en claro que el rincón más feliz de la tierra podía volver a florecer con algunas semillas y unas tantas muestras de amor.

Agua:

El día en que la princesa Odina nació, las estrellas le concedieron el don de la belleza, pero no el de la prudencia, y como era muy consentida, pronto llegó el día en que su arrogancia no la dejaba ser una buena candidata a reina.

Su nana, que la apreciaba mucho y deseaba verla consagrada en la corona, le pidió a Riachuelo, quien era su amigo, que le ayudara a darle un escarmiento a la princesa. Fue entonces cuando el ser del mar convirtió a Odina en sirena, sólo que ésta, en vez de cabellos verdes los tenía rubios, y su piel blanca no hacia juego con la verdusca de las demás, motivo por el que todos le huían. Así, Odina sintió el dolor de ser rechazada por la apariencia y pidió la oportunidad de agradarle a sus nuevos compañeros. Riachuelo, convertido en tortuga, le enseñó el don de contar historias, logrando con ello conquistar el corazón de los demás.

Odina por primera vez se dio cuenta de que la apariencia no lo era todo, y para cuando volvió a la superficie había aprendido la lección más importante de su vida.

Aire:

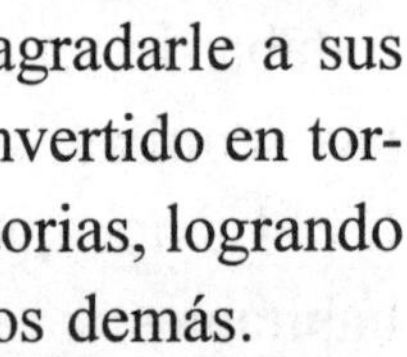

Hubo una vez, una bruja de aire muy conocida que se enamoró de un mortal, y de la unión con éste nació Alvar, un niño con muchas virtudes que poseía el don de envejecer lentamente, como su madre. Sin embargo, había algo que les preocupaba a ambos —madre e hijo—, y era que su padre estaba muy viejo y no había nada con qué pudieran detener el paso del tiempo.

La bruja, en su calidad de esposa, le pidió a Alvar que fuera al bosque y hablara con sus antecesores, pues ella no podía hacerlo, para que intercedieran ante el paso de los años. Así lo hizo el chico, y con todo el amor de su corazón dejó cantar a su alma en el viento, canto que fue escuchado por los espíritus del viento quienes le dejaron a su padre vivir muchos años más de lo habitual.

Estas cuatro historias nos encaminan hacia un solo lugar: que la magia, ya sea ilusionismo o truco debe ser practicado con el deseo de honrar a los cuatro elementos, que como bien sabemos, uno compensa y equilibra al otro, haciendo los cuatro un conjunto que conforman el todo.

Y es que hablar de los cuatro elementos como parte de la magia es adentrarnos en un campo que no nos compete, pues este libro es únicamente para aquellas personas que desean realizar trucos sencillos pero muy eficaces en los que no es necesario emplear el poder de la mente.

Pero como el buen mago que deseamos ser, necesitamos un atuendo en el que se incluyan los cuatro elementos que representan la unión del todo. Y bueno, sin tanto preámbulo vayamos a ver lo que necesitamos:

- Un gorro, que representa al elemento fuego.
- Un bastón, que representa al elemento tierra.
- Un libro de hechizos, que representa al elemento agua.
- Un sello rúnico, que representa al elemento aire.

EL GORRO DEL MAGO

Vamos a necesitar:

1 cartulina (del color de su preferencia)
Tijeras sin punta
Cinta métrica
Pegamento
Tela azul
Papel plateado

Con la cinta métrica medimos el diámetro de nuestra cabeza; esta medida la llevamos hasta la cartulina trazando con una línea un cono de la altura que nos interesa.

A uno de los extremos le colocamos una pestaña con la que facilitaremos la unión de nuestro gorro, y otra en la parte inferior, que hará la visera. Recortamos con mucho cuidado y pegamos de modo que obtengamos la base.

Con la tela, forramos el gorro y pegamos de modo que quede completamente azul.

Finalmente, hacemos algunas estrellas con el papel plateado y las pegamos alrededor del gorro. Esto nos dará unas excelentes ideas.

BASTÓN MÁGICO

Necesitamos:

Una rama de árbol abedul
Papel lija
Cintas de colores
Cascabeles
Un cuarzo
Barniz de uñas

La rama forzosamente tiene que ser de abedul, ya que ésta es una madera catalizadora de energía.

Lo primero que vamos a hacer es lijar la rama a modo que nos quede completamente lisa y libre de astillas que puedan lastimarnos.

Ahora procedemos a barnizarla con el esmalte de uñas, que puede ser claro o de un color café, todo depende de nuestro gusto.

Amarramos a un extremo las cintas de colores, y sujetamos sobre nuestro bastón mágico dos cascabeles. Luego fijamos el cuarzo en la punta y dejamos una noche a la luz de la luna llena para que ésta se encargue de delegarle poder a nuestro bastón, que para muchos será una varita.

LIBRO DE HECHIZOS

Para éste es necesario:

Un cuaderno con tapas de cartón duro

Terciopelo azul

Pegamento

Pasta de modelar

Con la pasta diseñamos nuestro símbolo secreto, que irá en la portada del libro, de preferencia que éste sea algo relacionado con el agua, pues es el elemento que estamos trabajando.

Forramos el cuaderno con el papel terciopelo cuidando de que no se le hagan bolsas de aire.

Luego ponemos con mucho cuidado nuestro símbolo sobre la portada del libro, pero si no tenemos una libreta o más trucos que apuntar podemos forrar este libro dándole un toque personal.

SELLO RÚNICO

Para este último representante de los cuatro elementos necesitamos:

Una papa mediana
Un cuchillo para untar
Una caja de plástico
Tinta china
Algodón

Cortamos la papa perfectamente por la mitad. En una de las partes y ayudándonos del cuchillo diseñamos nuestro sello personal, algo muy diferente a lo que pusimos en nuestro libro.

En la caja de plástico metemos todo el algodón y bañamos con suficiente tinta china. Cerramos y dejamos que repose.

Al día siguiente ya estaremos listos para comenzar a poner nuestro sello de mago en los papeles más importantes.

Y ahora que ya hemos completado nuestro atuendo en donde se incluyen las historias de los magos principiantes, las cuales nos relatan la importancia de los cuatro elementos, estamos listos para comenzar con nuestros trucos.

TRUCOS DE ÓPTICA

Los siguientes trucos son una muestra de que podemos lograr magia con un poco de ingenio.

LA VELA ENCENDIDA

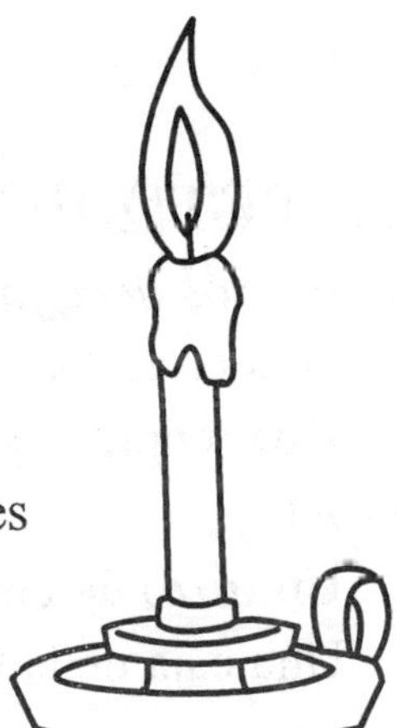

Para este truco necesitamos:

- Una cartulina
- Una engrapadora pequeña
- Un trozo de cuerda
- Una caja de lápices de colores
- Un lápiz
- Unas tijeras
- Cinta adhesiva

Trazamos dos círculos en la cartulina y los recortamos con mucho cuidado para que nos queden lo más perfectos posible. En uno dibujaremos una vela apagada, y en el otro una llama a la altura del pabilo de la vela. Le damos color a los dibujos con la ayuda de los colores.

Aparte cortamos un trozo de cuerda de unos 15 cm. y lo sujetamos al centro de uno de los discos, ayudándonos de la cinta adhesiva. Unimos con la engrapadora los dos círculos a contra cara los dibujos.

Sujetamos los extremos de la cuerda y frente al público lo hacemos girar, ¿qué sucede? La llama aparece en la mecha de la vela, truco con el que dejaremos a nuestros amigos boquiabiertos.

EL PETIRROJO

Ahora nos hace falta:

Una cartulina

Una engrapadora pequeña

Un trozo de cuerda

Una caja de lápices de colores

Un lápiz
Unas tijeras
Cinta adhesiva

Trazamos dos círculos en la cartulina y los recortamos con mucho cuidado. En uno dibujaremos un petirrojo (pájaro de pecho rojo), y en el otro una jaula a la altura del pajarito y mucho más grande que éste.

Aparte cortamos un trozo de cuerda de unos 15 cm. y lo sujetamos al centro de uno de los discos ayudándonos de la cinta adhesiva. Unimos con la engrapadora los dos círculos a contra cara los dibujos.

Sujetamos los extremos de la cuerda y frente al público lo hacemos girar. En esta ocasión veremos a un petirrojo enjaulado.

EL PAYASO FELIZ

Nuevamente necesitamos:

Una cartulina
Una engrapadora pequeña
Un trozo de cuerda
Una caja de lápices de colores

Un lápiz
Unas tijeras
Cinta adhesiva
Estrellitas de color o brillantina

Trazamos dos círculos en la cartulina y los recortamos con mucho cuidado. En uno dibujaremos la cara de un payaso triste, es decir, con la boca en medio círculo hacia abajo, y en el otro la cara del mismo payaso pero sonriendo. Colocamos en el gorro del payaso la brillantina para darle más color al truco.

Aparte cortamos un trozo de cuerda de unos 15 cm. y lo sujetamos al centro de uno de los discos ayudándonos de la cinta adhesiva. Unimos con la engrapadora los dos círculos a contra cara los dibujos.

Sujetamos los extremos de la cuerda y frente al público lo hacemos girar. Ahora veremos a un payaso que pasa de estar triste a contento.

De esta forma podemos hacer cuantos trucos se nos vengan a la mente: un corredor, un niño saludando, un ave volando, etcétera.

Algo similar podemos hacer con la ayuda de:

Una libreta pequeña (de apuntes)
Un lápiz
Una caja de lápices de colores (opcional)

Dibujamos a un hombre parado en una de las hojas, y en la siguiente al mismo hombre pero con las piernas simulando que está corriendo. Si es de nuestra preferencia le ponemos color.

Luego enrollamos el lápiz en la primera hoja y levantamos rápido, ¿qué vemos? Si le damos un poco de velocidad, subir y bajar la hoja, veremos que el hombre corre, ¿es magia?, no, es el efecto de la óptica.

Con esta sencilla técnica podemos hacer cuantos trucos se nos vengan a la mente, sólo nos hace falta un poco de imaginación.

PÓCIMAS Y RECETAS

Éste podría ser un apartado de poca relevancia para algunos, sin embargo, y sobre todo para los magos principiantes, el ofrecer uno de estos productos puede ser la diferencia entre un buen acto y uno sin relevancia, ¿por qué?, porque la magia supone todo lo extraordinario y las siguientes recetas y pócimas lo son, ya que primcramente cuentan con aspecto extraño aunque llamativo, y en segundo lugar porque son deliciosas.

PASTEL DE LAVA

Para esta receta nos hace falta:

500 grs. de grosellas

250 grs. de pasas
500 grs. de naranjas
500 grs. de nueces
2 tazas de azúcar morena
250 grs. de harina
1/2 taza de agua
1 sobre de colorante rojo
Un frasco de cerezas en almíbar
Un huevo
Un sobre de levadura

Batimos el huevo con la harina y amasamos hasta obtener una pasta. Añadimos todas las frutas previamente cortadas en dados pequeños y una taza de azúcar. Vertemos a un recipiente previamente engrasado.

Precalentamos el horno a 180° C, cosa que no haremos sin la ayuda de un adulto, y dejamos cocer el pastel durante una hora y media.

Mientras se enfría nuestro pastel, mezclamos el agua con el colorante y la otra taza de azúcar. Esto será nuestra lava, por lo que al enfriarse nuestro pastel debemos desmoldarlo y bañarlo con la mezcla.

Podemos mostrar nuestro pastel inusual a nuestro público después de un acto de magia, siendo lo más extraordinario que a pesar de su aspecto desastroso, el sabor es delicioso.

FIDEOS HECHIZADOS

Algo fuera de lo común obtendremos con:

175 grs. de pasas
50 grs. de mantequilla derretida
Una cucharada de azúcar morena
Una cucharada de canela en polvo
Un puñado de fideos cabellín o cabello de ángel
Agua, la suficiente

Mezclamos las pasas, la mantequilla, el azúcar y la canela en un recipiente. Aparte ponemos los fideos a cocer en un poco de agua, cuando estén listos los escurrimos y añadimos al recipiente.

Con la ayuda de alguien mayor ponemos el horno a precalentar a 180° C, y metemos el recipiente con los fideos hechizados.

Los mostramos a nuestro público simulando que los aparecemos y todo será un éxito porque tienen un aspecto horrendo pero un sabor exquisito.

PASTELILLOS MÁGICOS

Son ricos, y lo mejor es que se hacen individuales; para ellos necesitamos:

60 grs. de mantequilla
2 cucharadas de levadura
2 tazas de leche
1/2 taza de azúcar morena
2 huevos
Una tableta de chocolate
Un paquete de grageas de chocolate
Moldes de papel

Batimos la mantequilla y la mitad del azúcar hasta obtener una mezcla; añadimos los huevos y la levadura moviendo constantemente. Agregamos un poco de leche, todo depende de la consistencia, lo ideal será una masa parecida a la de los hot cakes.

Llenamos todos los moldes de papel hasta la mitad con la mezcla.

Con la ayuda de un adulto ponemos el horno a precalentar a 200° C, y metemos los pastelillos a cocer durante 15 minutos.

Aparte derretimos el chocolate a baño María, y mezclamos con el resto del azúcar. Una vez fundido, bañamos los pastelillos que ya deben estar listos y colocamos sobre ellos algunas grageas.

PANECILLOS ENCANTADOS

Necesitamos:

2 cucharadas de jarabe de arce
2 huevos
225 grs. de harina de maíz
2 manzanas troceadas y sin cáscara
2 cucharadas de aceite vegetal
2 cucharadas de miel
Un chorro de leche
Un chorro de jugo de manzana
Una pizca de levadura
Una pizca de sal
Moldes de papel

Mezclamos el aceite, la miel, la leche, el jugo de manzana y los huevos. Aparte mezclamos la harina, la levadura, la sal y la manzana. Luego hacemos una mezcla general, es decir, la de los líquidos se vierte en la segunda.

Llenamos los moldes de papel hasta la mitad con la mezcla, y con la ayuda de un adulto los metemos a un horno precalentado a 180° C, durante treinta minutos. Y ahora sí, están listos para nuestro acto de magia.

AGUA ÁRTICA

Vamos a necesitar:

1 kg. de naranjas

20 cubitos de hielo

1/2 taza de azúcar morena

Trituramos los cubos de hielo y los colocamos en una copa (tendremos materia prima como para diez), a cada una de ellas les vamos a echar el jugo de dos naranjas mezclado con un poco de azúcar. Ahora podemos mostrarlas a nuestro público, pues es una pócima indispensable para todo truco sencillo.

PÓCIMA DE LIMÓN

Para ella requerimos:

5 limones

Una taza de azúcar morena

Un sobre de colorante artificial verde

Un litro de agua

En un plato mezclamos un poco de azúcar, el colorante artificial y algunas gotas de limón. Pasamos por esta mezcla la superficie de todos los vasos a ocupar.

Luego disolvemos nuestro polvo en el litro de agua y terminamos de echar el jugo de limón y el azúcar; revolvemos y servimos en cada uno de los vasos. Verán la cara del público al mostrarles esta maravillosa pócima que muy pocos se atreverán a probar.

Ahora, sólo nos hace falta elegir una receta o pócima para incluir dentro de nuestro acto, en el que presentaremos los siguientes trucos.

TRUCOS DE MAGIA PARA PRINCIPIANTES

Antes de que pasemos a los trucos de magia, sería conveniente preparar nuestro entorno para que todo salga a la perfección. Para ello, fabricaremos nuestra propia mesa, pues ya contamos con el atuendo apropiado que simboliza además los cuatro elementos.

Para nuestra mesa nos hace falta:

Una mesa de centro o juego (pequeña)

Una manta negra
Estrellas de colores
Pegamento

La manta debe ser lo suficientemente grande como para cubrir con ella toda la mesa, es decir, hasta las patas. Después de que hayamos medido la manta, le comenzamos a pegar las estrellas de la forma en que más nos agrade. Al terminar, dejamos que seque bien.

Ahora sí estamos casi listos para comenzar, porque nos hace falta un segundo accesorio: un bote. Y éste al igual que la mesa debemos hacerlo para que nos brinde muchas satisfacciones, y para ello necesitamos:

Un bote de basura (pequeño y sin tapa)
Tela para forrar
Tijeras
Algodón
Pegamento

Medimos el interior del bote con la tela para forrar y cortamos a modo que podamos forrarlo por dentro. Llenamos el bote con pegamento y fijamos la tela perfectamente. Luego pegamos el suficiente algodón en el fondo, y un poco en las orillas del bote a modo que si algo le cae no suene.

Éste es el equipo básico de todo mago principiante, pero para que nada se nos olvide hagamos un repaso:

- El gorro
- El bastón del mago
- Libro de hechizos (trucos)
- El sello rúnico
- Nuestro(os) truco(s) de óptica
- La mesa
- El bote

Cuando tengamos todos nuestros accesorios estaremos listos para comenzar.

EL TRUCO DE LA SANGRE

Requerimos:

Un chorro de agua
Ceniza (puede ser de cigarro o leña)

El hablar del complicado funcionamiento del cuerpo humano causa furor entre los espectadores,

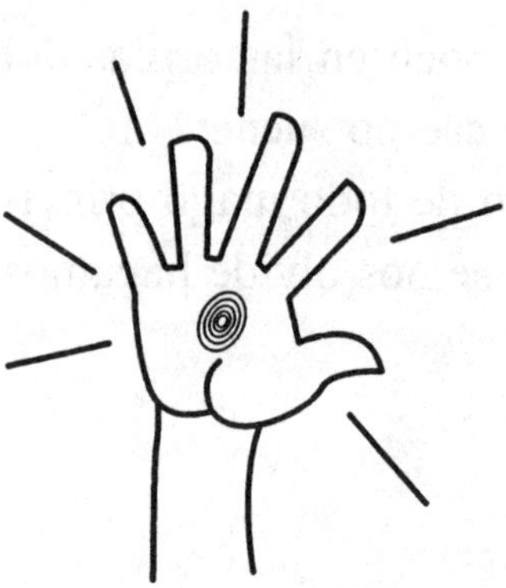

y más cuando se trata de la sangre. Aunque para este truco no hace falta que leamos un libro de anatomía, pues lo que nos hace falta es un poco de facilidad de palabra para decir que la sangre viaja muy rápido por las venas, tan rápido que obviamente ni siquiera nos damos cuenta.

Ahora humedecemos nuestro dedo pulgar con agua para que se adhiera la ceniza, esto claro sin que se den cuenta los espectadores. Luego comencemos a decir que vamos a demostrar que lo antes dicho es cierto.

Elegimos a un espectador tomándolo de la mano, procurando impregnar un poco de ceniza en su palma sin que éste se dé cuenta. Luego enfrente de todos le pedimos que tome con su otra mano (si tomamos la derecha será la izquierda y viceversa) un poco de ceniza, y se la mostramos.

Cuando lo haga decimos: "¿Quieren ver que lo que he dicho es cierto?", y miramos hacia nuestro espectador: "mírate la otra mano". Ahí estará impregnada la huella de nuestro pulgar, a lo que nosotros añadiremos: "ves… la sangre ha fluido tan rápido que la ceniza ha sido llevada a la otra mano".

Generalmente vienen aplausos, muy abundantes si les ha gustado el truco.

LA MONEDA VIAJERA

Para este truco vamos a necesitar:

Una tira adhesiva de doble cara

Un sobre

Lo primero que haremos es pegarnos, sin que se den cuenta, la cinta adhesiva en nuestro dedo pulgar. Hecho esto, tomamos el sobre con la pestaña apuntando hacia nosotros, y le pedimos a alguien del público que nos preste una moneda.

Hacemos como que la metemos al sobre pero en realidad la colocamos en nuestro pulgar que tiene la cinta adhesiva. Ahora decimos las palabras mágicas: "estás aquí", y mostramos el sobre a contra luz, ya que si tenemos la moneda en nuestro pulgar sujetando el sobre de aquella esquina, parecerá que se encuentra la moneda adentro.

"Pero ahora no lo estás", bajamos el sobre para que los rayos del sol no nos delaten y lo cambiamos a la otra mano mostrándolo y volviendo la mano para que vean que ya no se encuentra.

Ya por último, soplamos en la mano que tiene la moneda, la cual deberá estar cerrada, y mostramos la moneda en la palma de nuestra mano. Con esto los presentes no se resistirán a aplaudir.

EL PALILLO ADIVINO

Para este truco necesitamos forzosamente conocer a los espectadores o por lo menos a uno, y:

Un palillo de madera (de paleta)
Un bolígrafo

Escribimos el nombre de aquella persona en uno de los lados del palillo, esto lo habremos hecho antes de iniciar nuestra presentación de magia.

Ya estando ahí sacamos el palillo cuidándonos de que nadie vea que tiene una inscripción y lo colocamos boca abajo sobre la mesa.

Sacamos a nuestro personaje, y levantamos el palillo hacia el público de modo que ellos ni el voluntario vean la inscripción. Luego le pedimos que nos dé su nombre y le sople al palillo fuertemente.

Cuando lo haga, decimos que con mayor fuerza pues necesitamos que su nombre salga por su aliento. Hecho esto contamos hasta tres y volvemos el palillo. El voluntario quedará impresionado, al igual que los demás.

DESAPARECIENDO EL VASO

Necesitamos:

Un vaso de vidrio (pequeño)
Una hoja de papel
Una moneda

Éste es un truco un poco más complicado, por lo que recomendamos practicarlo algunas veces antes de hacerlo.

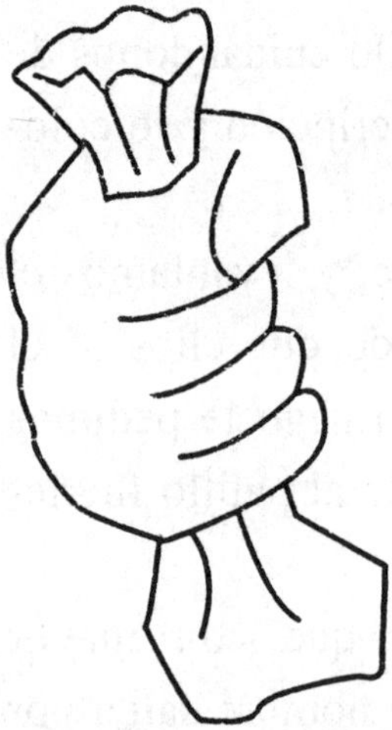

Colocamos el vaso sobre nuestra mesa, muy cerca de la orilla, y ponemos encima la moneda, la cual de preferencia debe ser grande. Cubrimos con la hoja de papel doblándola de modo que forramos el vaso.

Tomamos nuestro bastón de mago o varita mágica y golpeamos con cuidado el vaso diciendo lo siguiente: "Abra cadabra... dichosa moneda, te ordeno que desaparezcas", levantamos el papel y obviamente continuará ahí tanto el vaso como la moneda. Entonces echamos un cuento como que alguno de los espectadores se encuentra incrédulo provocando que la magia de la varita desaparezca.

Luego intentamos con más fuerza pidiéndole al público que repita con nosotros las palabras mágicas, instantes que aprovecharemos para deslizar el vaso por la mesa dejándolo caer a nuestro bote, mientras que nosotros sujetamos el papel como si todavía estuviera el vaso. Después con mucha seguridad aplastamos el papel.

EL CESTO MÁGICO

Este truco puede suceder al anterior, y para ello requerimos:

2 canastos de palma
2 pañuelos
Una moneda pequeña

Si tenemos ayudante, le pedimos previamente que llegado el momento coloque los dos cestos tapados con los pañuelos sobre el bote, uno deberá estar vacío mientras que el otro debe contener alguna de nuestras recetas ya hecha. Y si no, nos agacharemos simulando que estamos buscando nuestro sello, tiempo que aprovecharemos para colocar ambos cestos.

Tomamos el cesto vacío y lo colocamos sobre la mesa mostrando la moneda que vamos a desaparecer. Destapamos el cesto y lo mostramos por ambos lados. Luego lo

ponemos en la mesa y metemos la moneda ocultándola entre la palma. Tapamos el cesto y decimos las palabras mágicas ayudándonos de nuestra varita: "Ala casam… con esta varita, cesto, solo te vas a quedar". Destapamos el cesto y lo mostramos al público para que comprueben que efectivamente no se encuentra la moneda.

Ahora ponemos el cesto en la mesa y preguntamos si tienen hambre, cubrimos entonces el cesto y lo bajamos simulando que estamos haciendo un hechizo, momento que aprovecharemos para cambiarlo por el otro. Al subirlo y destaparlo estará lleno de algunos ricos panecillos que podrán comer nuestros espectadores.

EL MENSAJE OCULTO

Habremos de preparar nuestro truco con anticipación, y para ello necesitamos:

Un frasco (pequeño)
Una hoja de papel
Un limón
Un exprimidor
Un pincel

Le exprimimos el jugo al limón y lo colocamos en el frasco. Con el pincel y utilizando el zumo de limón como tinta escribimos un mensaje a nuestro público, puede ser como consecución del truco anterior: "Los panecillos están deliciosos", o lo que se nos ocurra. Dejamos que se seque y listo.

Ya en la presentación simulamos que el mensaje nos llegó del reino de los magos, por lo que es preciso leerlo. Sacamos la hoja y la colocamos a contra luz, pidiéndole a uno de los espectadores que se acerque para leerlo. Todos estallarán en risas y asombro.

EL VASO VOLADOR

Requerimos:

Un vaso de unicel

Unas tijeras con punta

Antes de la presentación perforamos el vaso de modo que le quepan nuestros dos dedos pulgares.

Llegado el momento, sacamos el vaso de modo que nadie vea los orificios y lo colocamos sobre la mesa. Decimos que el calor es insoportable y que deseamos beber agua del vaso, momento que aprovecharemos para meter los dedos al vaso. Luego lo levantamos y simulamos que estamos bebiendo el agua; cuando supuestamente se nos haya termi-

nado comenzamos con el truco del vaso volador.

Hacemos como que el vaso se nos quiere escapar de las manos, ¿cómo?, abriendo los dedos y haciendo que éste se está jalando hacia el público.

Ya cuando supuestamente domamos el vaso, lo colocamos de nuevo en la mesa sin quitarle las manos y le pedimos a un ayudante que reparta nuestra pócima verde que llamaremos "quita sed". Mientras esto sucede, nos deshacemos del vaso tirándolo en nuestro bote.

Después le pedimos al público que intente hacer el truco, claro que no lo harán porque sus vasos tendrán nuestra limonada y no los orificios donde van los dedos.

EL DESAFÍO

Nos hace falta:

- Un lápiz
- Una botella vacía

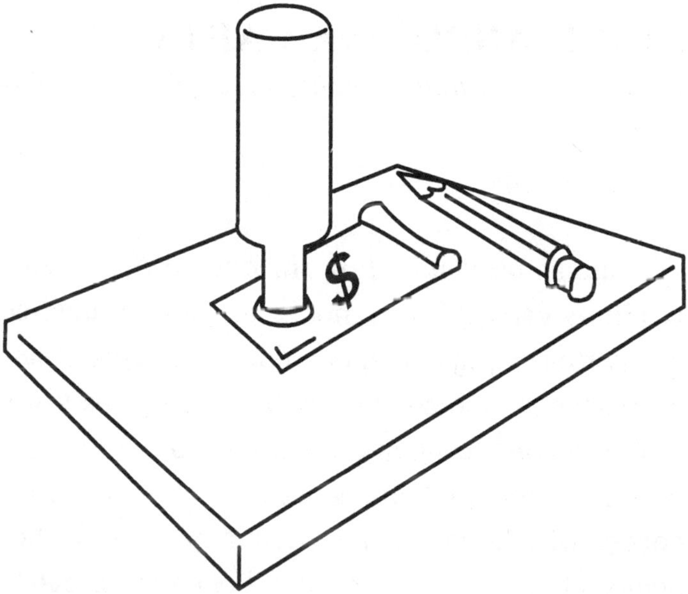

Un billete (menos de veinte o cincuenta porque son de otro material)

Para hacer este truco necesitamos quitarle el forro a nuestra mesa. Colocamos el billete y luego la botella invertida sobre uno de sus extremos.

Desafiamos a uno o a todos los espectadores a que saquen el billete sin tirar la botella. Cuando todos hayan fallado en su intento, colocamos el lápiz en el extremo contrario y enrollamos bien, después continuamos enrollando mientras el billete se desliza suavemente por debajo de la botella. Claro que debemos practicar el truco antes de hacerlo.

ADIVINANDO UNA CARTA

Es un truco bastante sencillo en el que requeriremos:

Una baraja

Barajamos y miramos sin que se den cuenta la última carta. Le pedimos a alguien del público que corte la baraja, de modo que nos quedarán dos montoncitos: uno con la carta que ya hemos visto, y el otro completamente desconocido.

Le pedimos que elija una carta del montón desconocido, y la colocamos encima del mismo. Ponemos el otro mazo sobre éste. Ponemos las cartas boca arriba y las extendemos sobre la mesa. Ahora proseguimos a adivinar cuál es.

¿Cómo?, sencillo, al extender toda la baraja, la carta elegida por el espectador será la que quede pisando la carta que ya habíamos visto del primer mazo, porque al poner el primer mazo sobre el segundo (de las cartas desconocidas), la carta elegida siempre quedará debajo de la que habíamos visto.

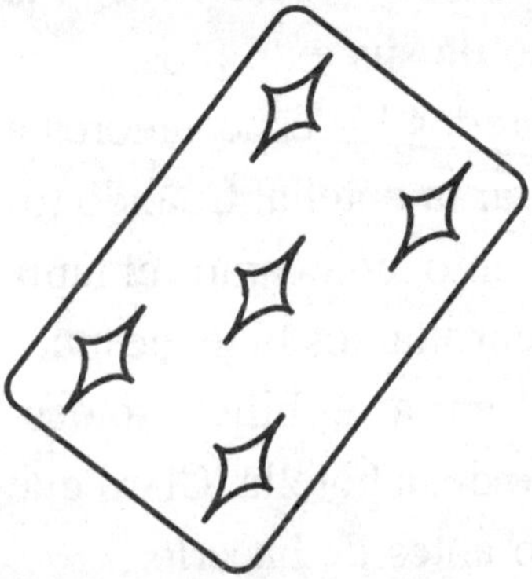

ADIVINANDO EL NÚMERO

Ahora vamos con un truco mucho más sencillo, para el que necesitamos:

Un dado

Pedimos la colaboración de uno de los espectadores. Diremos que vamos a adivinar "sin ver" el número que él o ella elija.

Le damos el dado y nos volteamos pidiéndole que coloque el número elegido, después de mostrárselo al público, boca abajo sobre la mesa. Mientras tanto, sin preocuparnos, esperamos.

A la primera señal adivinamos el número, ¿cómo?, todos los extremos sumados nos dan la cantidad de siete; por ejemplo, si colocan el dado con el número seis abajo, nos quedará el uno en la parte superior, ese uno sumado a los seis nos dan siete, de modo que el gran misterio es "seis". Ahora veámoslo por el lado que vamos a adivinar: si vemos el dado que nos muestra un cuatro en la parte superior, el gran misterio será "tres", porque cuatro más tres nos dan como resultado siete.

TRUCO CON SOGA

Es momento de que avancemos en la dificultad de nuestros trucos, y para ello vamos a necesitar:

Un trozo de lana gruesa de unos 40 cm. de largo color rojo

Un trozo de lana gruesa de unos 40 cm. de largo color verde

Un lápiz

Formamos un círculo con cada uno de los trozos de lana, y metemos el de color rojo entre el de color verde, luego insertamos los extremos en el lápiz, de modo que el cordón verde quede colgando.

Ahora pediremos la ayuda de un voluntario, quien deberá sujetarnos el lápiz. Mientras esto sucede, debemos explicarle a nuestro público que podemos sacar el cordón rojo tirando del verde, así que comenzaremos a jalar hacia abajo.

Después deslizamos nuestra mano derecha sobre los dos cordones, pero casi sin tocarlos; decimos "Uno", "dos", y "tres", mismos tiempos en que daremos tirones en los cordones, sólo que esta vez tomaremos el de color rojo por el costado y tiramos firmemente hacia abajo.

En verdad sucede algo sorprendente, ya que los cordones cambian de lugar.

LA BOTELLA ENCANTADA

Necesitamos:

Una botella de cristal

Un globo

Lo primero que haremos, antes de la presentación, es meter la botella de vidrio al refrigerador, una hora por lo menos, y no más de tres.

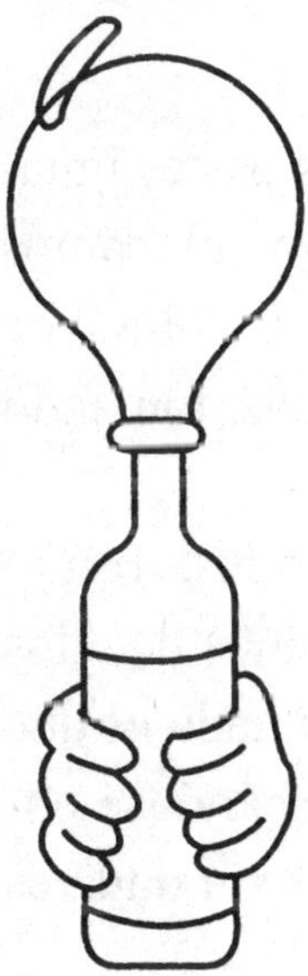

Ya en la presentación diremos que nuestra magia es tan eficaz que podemos inflar un globo tan sólo con el poder de la mente. Así que tomamos la botella y la colocamos encima de la mesa poniendo el globo en la boquilla.

Hecho esto, hacemos como que nos concentramos, y misteriosamente el globo comenzará a inflarse. Generalmente siguen aplausos, aunque en realidad se trata de un truco muy sencillo, pues al meter la botella al refrigerador el aire de su interior se enfría, y al sacarla, el aire que está a temperatura ambiente comienza a calentar la botella y el aire que ésta contiene, mismo que entra al globo cuando lo colocamos en la boquilla.

EL MISTERIO DE LOS CLIPS

Para este truco requerimos:

2 clips grandes

Una liga grande

Un trozo de cartulina de 30 cm. de largo por 3 de ancho

Semi doblamos la cartulina en tres partes iguales, e insertamos en ella la liga. Luego colocamos los clips, uno a la derecha, tomando el doblez de atrás y el de en medio, y otro a la derecha, tomando el doblez del medio y el de delante.

Ya es tiempo para sorprender a todos. Tomamos la cartulina de los extremos y tiramos de ellos firmemente, pero con suavidad. El resultado es que los clips se saldrán de la cinta enganchándose entre ellos en el centro de la liga. Lo que sin duda es un truco digno de hacer.

DESAPARECIENDO LA BOLA

Para este truco necesitamos, además de mucho ingenio:

Una bolsa de papel
Una pelota pequeña

Metemos la pelota en la bolsa de papel, y la mostramos al público. Luego diremos que el truco consiste en desaparecer la bola, teniendo que sacarla sin que nadie se dé cuenta. Hecho esto, guardaremos la bola y simularemos que todavía estando adentro de la bolsa la haremos salir y entrar de la misma.

Así que ya es tiempo de usar nuestro ingenio. Haremos como que la pelota está dentro y aventamos usando la bolsa; cuando supuestamente caiga dentro de ella daremos un pequeño golpe con uno de nuestros dedos. Repitamos las veces que sea necesario, ya que la gente en verdad se preguntará dónde quedó la bola.

DESAPARECIENDO UNA CARTA

Necesitamos:

Un cartón

Una caja de cd's vacía

Una carta de baraja

Pintura para maquetas

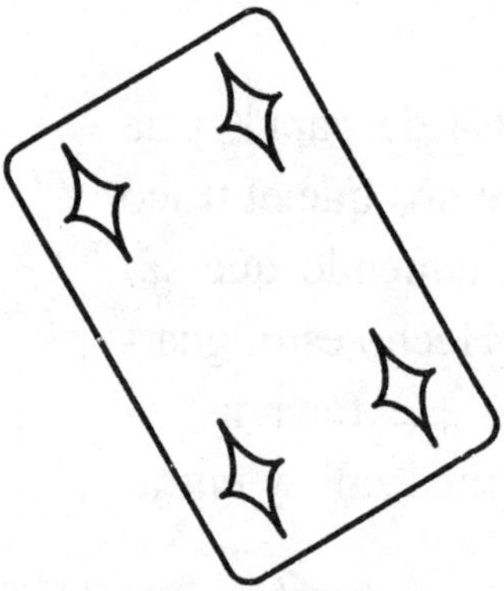

Quitamos la parte interior de la caja de cd's, y la pintamos por ambos lados, de modo tan perfecto que sean idénticos; lo mismo haremos con el interior.

Cortamos el cartón de modo que entre en la caja de cd's, y lo pintamos del mismo color; esto nos servirá de falso fondo.

Hecho esto, metemos la carta de baraja en la caja y la mostramos al público, diciéndoles que desapareceremos la carta. Así que abrimos la caja y mostramos que efectivamente ahí se encuentra la baraja. Luego cerramos y sin que se den cuenta volteamos la caja y abrimos del otro lado. En verdad parece que hemos desaparecido la carta.

LA ESTRELLA HECHIZADA

Vamos a necesitar:

5 cerillos
Un gotero
Un poco de agua

Antes de presentar el truco, debemos semi romper los cinco cerillos por el centro, cuidando de no desprenderlos.

Luego diremos a nuestros compañeros (público) que haremos una estrella con cerillos sin tocarlos. Dicho esto, colocamos los cerillos sobre la mesa de modo que las partes rotas queden en el centro.

Con el gotero echamos un poco de agua en las partes rotas, y simulamos que nos estamos concentrando. A los pocos segundos los ángulos de los cerillos rotos se abrirán y se formará una estrella como por arte de magia.

Y ¿cuál es el secreto?, que los cerillos se componen de tubitos finos de madera, que al absorber el agua se hinchan y estiran. De este modo los cerillos se mueven sin ser tocados.

LA CAJA ENCANTADA

Necesitamos:

Una caja de regalo pequeña
Un pincel
Maquillaje
Algodón
Pegamento

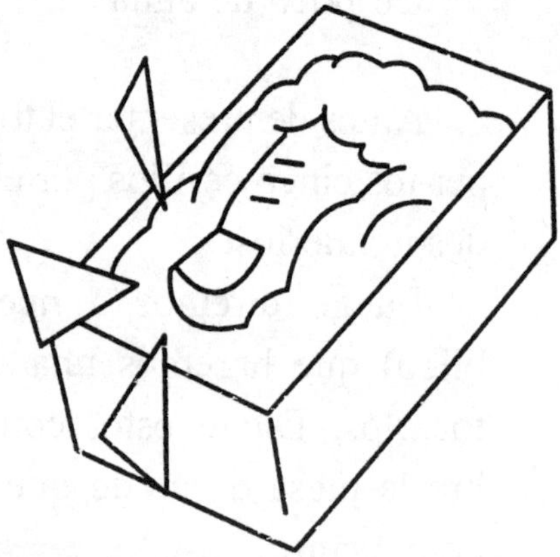

Decoramos la caja a nuestro gusto, y perforamos el fondo para que pueda pasar nuestro dedo al interior por abajo.

Hecho esto, metemos y pegamos el algodón en el interior de la caja. Luego maquillamos nuestro dedo índice. Introducimos el dedo por el agujero y echamos un pequeño cuento al público; podrías decir que hace tiempo le cortaron el dedo a un psicópata y tú lo guardaste y se los vas a mostrar. Dicho esto, abrimos la caja y movemos el dedo del modo más sanguinario que se nos ocurra. Quedarán boquiabiertos.

ADIÓS RELOJ

Este truco suele poner a algunos espectadores al borde de la locura, y para ello vamos a necesitar:

Un sobre

Una botella de plástico rellena de arena

Un terrón de azúcar

Le haremos una ranura al sobre en la parte posterior, y meteremos el terrón de azúcar.

Pedimos a uno de los espectadores que nos preste su reloj, y lo metemos por el sobre, que deberá estar a la altura de la mesa permitiéndonos dejar salir el reloj, sin que lo adviertan, por abajo cayéndose en el bote.

Cerramos el sobre y lo acostamos sobre la mesa fingiendo que todavía se encuentra adentro el reloj.

Con la botella, golpeamos el sobre que tronará gracias al terrón de azúcar que se encuentra adentro. Motivo suficiente para que muchos se inquieten.

Tratamos de tranquilizar al propietario del reloj fingiendo un llanto que nos obliga a pagárselo y cuando supuestamente vamos a sacar el dinero, tomamos el reloj del bote y lo mostramos como si nada.

OTRO PARA ADIVINAR

Sólo necesitamos:

Una baraja

Sujetamos el mazo de cartas con la mano derecha, mostrándoselo al público. Aprovechamos el momento para mirar la primera carta.

Abrimos el mazo de cartas por la esquina con el dedo pulgar, preguntando a los espectadores por dónde quieren que cortemos. Luego con la otra mano sujetamos el mazo con los cuatro dedos por arriba y el pulgar por abajo.

Con la mano que auxiliamos, llevamos el corte hacia fuera excepto la carta ya elegida (la que vimos), que queda sujeta por los cuatro dedos de la mano contraria, permaneciendo como primera aunque parezca que se ha cortado. Luego la mostramos al público y nos ofrecemos para adivinarla, lo que será muy fácil porque ya la hemos visto.

DESAPARECIENDO UNA ESFERA

Para que el truco nos salga a la perfección necesitamos:

Una pelota de goma espuma
La manga de una camisa vieja
Hilo
Aguja

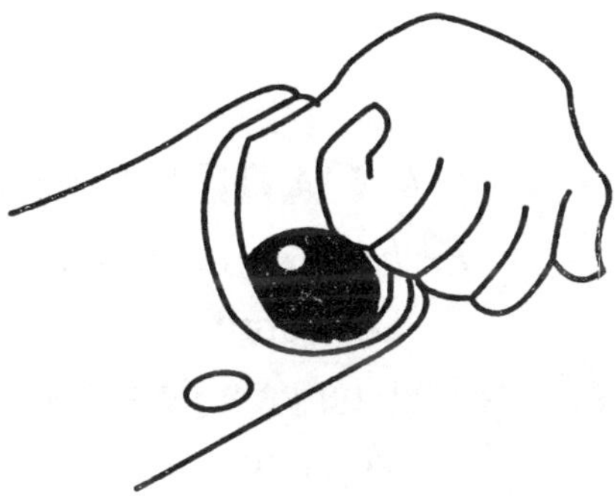

Primero nos confeccionamos una manga falsa, luego la metemos en nuestro antebrazo pareciendo que pertenece a nuestro vestuario. Todo esto antes del acto.

Ya en el acto, mostramos la pelota y la sujetamos con los dedos índice, medio y pulgar. Después fingimos que la tomamos con la otra mano, pero en realidad la bajamos y sujetamos con los dedos anular y meñique, aunque la otra mano la tendremos cerrada como si estuviera adentro la pelota.

Dejamos caer la pelota en el hueco de la manga, opuesta a la falsa, y retiramos la otra mano, cerrada, como si nos lleváramos la pelota en ella. Por último, abrimos la mano mostrando que hemos desaparecido la pelota.

Para añadirle variedad y un poco de humor al truco, decimos que no nos hemos llevado la pelota a la manga y mostramos la falsa sacándola de nuestro antebrazo, lo que les causará mucha gracia a todos.

LA CADENA MÁGICA

Es hora de necesitar:

Un sobre
Una caja de clips
Pegamento

Antes del acto formamos una cadena con clips, y la pegamos en una de las esquinas inferiores del sobre.

Ya en el acto, mostramos el sobre al público y metemos dentro varios clips sueltos. Luego inventamos algunas palabras mágicas y cortamos el sobre por la esquina que sabemos está la cadena ya formada, la cual sacaremos lentamente para que no se vaya ningún clip suelto.

Finalmente aprovechamos los aplausos para deshacernos del sobre que contiene aún los clips sueltos, los cuales nos pueden delatar.

MULTIPLICANDO BOLAS

Requerimos:

2 pelotas de goma espuma iguales

Dependiendo si somos zurdos o derechos, escondemos en ella una bola, tapándola con los dedos medio, anular y meñique.

Con los dedos pulgar e índice de la misma mano, mostramos al público la otra pelota. Le pedimos a un espectador que nos ayude tomando la pelota que mostramos, pero en ese momento y antes de dársela la escondemos sumándola a la que ya tenemos en el puño; así, con el puño cerrado le damos la pelota al espectador, quien sin darse cuenta está agarrando las dos.

Luego decimos que con el poder de la mente multiplicaremos la pelota que tiene en sus manos, y le pedimos que abra la mano. Al hacerlo tendrá dos pelotas.

APARECIENDO UNA ROSA

Necesitamos:

5 bolsas de papel de colores
Pétalos de un rosa

Antes del acto, llenamos uno de los sobres con pétalos de rosa de modo que nadie sospeche que se encuentran ahí adentro.

Ya en el acto, decimos que apareceremos una rosa, y colocamos los cinco sobres en la mesa. Mostramos el interior de dos para que se den cuenta de que están vacíos. Luego tomamos el que sabemos contiene los pétalos de rosa y lo inflamos diciendo algunas palabras mágicas que se nos vengan a la

mente. Por último, golpeamos el sobre permitiendo que se rompa. Como consecuencia los pétalos saldrán volando.

Finalmente, podemos añadirle al truco un cuento de que fue tanta nuestra concentración que la rosa se aplastó.

EL ASIENTO CALIENTE

Vamos a necesitar:

Una silla
Una funda de cojín
Un rayador
Espuma de estireno

Rallamos la espuma de estireno y rellenamos con ella la funda de cojín; luego la ponemos sobre la silla.

Estando en el acto, pedimos un voluntario y lo sentamos en la silla, mientras le decimos que con la mente haremos que sienta que se quema.

Ya sentado el espectador, fingimos una concentración titánica, lo que ocasionará que nuestro amigo se inquiete, hasta quejarse de que el cojín está ardiendo.

¿Qué sucede?, el cojín está caliente porque el estireno está compuesto por diminutas bolsas de aire, que lo hacen un mal conductor de calor, de modo que el ardor proviene del calor excesivo que se produce en el cuerpo del espectador.

EL TRUCO DE LOS CERILLOS

Requerimos:

3 cajas de cerillos (que se abran de ambos lados)

Tijeras

Pegamento

Antes que nada vamos a preparar los cerillos para el truco, y para ello necesitamos cortarlos a la mitad. Una vez cortados, los pegamos en uno de los extremos de la caja, de modo que nos quedarán vacías por abajo, pues tiraremos la parte inferior de los cerillos.

Luego analizamos muy bien las cajas para que sepamos de qué lado están llenas y de cuál están vacías.

Ya en el acto, colocamos las tres cajas sobre la mesa y abrimos una del lado que está llena para mostrarle al público su contenido, luego la cerramos y barajamos lentamente para que todos miren dónde queda la caja elegida. Les pedimos que nos digan cuál es, hecho esto procedemos a abrirla, sin que se den cuenta, por el lado opuesto, es decir, el que se encuentra vacío. Ante su asombro, abrimos las otras dos cajas del mismo lado, así creerán que hemos desaparecido todos los cerillos.

Después, y luego de algunas palabras mágicas, removemos la cajas acomodándolas del lado que si tienen la mitad de los cerillos y las abrimos para que crean que los hemos reaparecido. Será genial.

EL SACO MÁGICO

Ahora necesitamos:

Un trozo de tela negra
Una aguja
Una carta de baraja
Una agujeta negra
Hilo negro
Tijeras

Antes del acto confeccionamos un saquito con la tela, poniendo todo nuestro ingenio para que tenga un trasfondo. Metemos de un lado la carta.

Durante el acto, mostramos el fondo del saco el cual no tendrá nada, porque la carta se encuentra del otro lado. Le damos la vuelta y decimos que apareceremos una carta. Cerramos el saco ayudándonos de la agujeta y simulamos decir algunas palabras mágicas, luego abrimos el saco e introducimos nuestra mano sacando la carta. Sin duda recibiremos aplausos.

MOVIENDO CARTAS

Para este truco vamos a necesitar mucha rapidez, práctica y:

5 cartas de baraja

4 monedas pequeñas

Colocamos las cartas sobre la mesa de la siguiente manera:

Debajo de las cartas de las orillas colocamos las cuatro monedas, esto facilitará su movimiento. Hecho esto, estamos más que listos para el truco.

Le decimos al público que vamos a mover con la mente la carta superior de la derecha hacia el centro. ¿Cómo lo hacemos?, fácil.

Como las cartas de las orillas están apoyadas sobre las monedas, es más fácil que se deslicen por la mesa, aunque claro, necesitamos hacerlo muy rápido para que nadie se dé cuenta. Y para ello, colocamos nuestra mano izquierda sobre la carta del centro, y la de la derecha sobre la que vamos a deslizar, luego fingimos concentración y rápido la empujamos con los dedos y la cachamos con la mano izquierda. Así, cuando terminamos la supuesta concentración, la carta ya se encuentra en el centro, pudiendo destapar primero la mano derecha, en donde ya no habrá nada, y luego la izquierda donde estará la carta. Esto ameritará un fuerte aplauso.

RESTAURANDO LA SOGA

Requerimos:

Una soga blanca
Unas tijeras

Este truco requiere de mucha práctica, así que antes de hacerlo frente al público nos aseguraremos de que nos salga a la perfección.

Ya frente al público, mostramos la soga, luego la doblamos sin perder las orillas; mencionamos que cortaremos la soga con la ayuda de las tijeras. Cortamos pero del lado donde están las orillas para no desunirla. Enseñamos de dónde cortamos, que serán las puntas, y luego fingimos decir algunas palabras mágicas que den como resultado la unión de la cuerda.

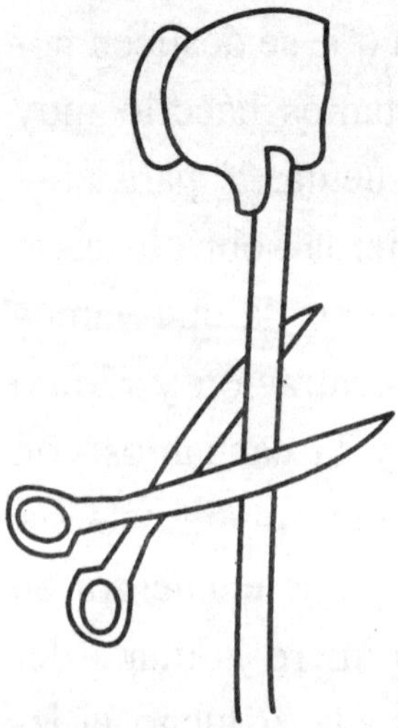

Soplamos, y tomamos la cuerda de los extremos que supuestamente cortamos, luego tiramos con fuerza mostrando la soga completa.

PELOTA BAILARINA

Vamos a necesitar:

Una bola de unicel mediana

Un trozo de alambre de 30 cm. de largo aproximadamente

Una mascada roja

Antes del acto vamos a preparar nuestro alambre, ya que es el verdadero protagonista del truco. Doblamos uno de sus extremos a modo que podamos meter nuestro dedo pulgar en él.

Ya en el acto, tomamos la mascada de los extremos y la mostramos, escondiendo el alambre en la parte superior, el cual ya deberá tener nuestro dedo, que lo moverá.

Luego mostramos la bola de unicel y decimos que la haremos bailar, fingimos decir palabras mágicas y juntamos un poco las manos de modo que la mascada tape nuestro movimiento, que consiste en meter la bola de unicel en el alambre, y como estamos manipulando el alambre del otro extremo comenzaremos a hacer bailar la bola, pues el alambre no se ve por la mascada.

Este truco puede durar el tiempo que se desee, aunque es preferible que no sea muy prolongado el baile ya que pueden descubrirnos.

EL GORRO ALEGRE

Para este truco necesitamos:

Una cartulina negra
Un ventilador portátil
Un paquete de estrellas
Una bolsa de confeti
Un trozo de tela negra o verde
Tijeras
Pegamento
Cinta adhesiva

Con la cartulina vamos a hacer un gorro parecido al de nuestro atuendo, que decoraremos con las estrellas.

Ayudándonos de la cinta adhesiva, pegamos el ventilador portátil en el fondo cuidando de saber dónde queda su interruptor, y cerramos con un trozo de tela, de preferencia con perforaciones pequeñas para que salga mejor el aire. Luego llenamos con confeti y cerramos con otro trozo de tela que no va completamente pegado, sino únicamente adherido.

Ya en el acto, mostramos el gorro para que todos se den cuenta de que no contiene nada, luego con la ayuda de nuestro bastón mágico removemos la tela adherida, mientras decimos algunas palabras mágicas, y activamos el ventilador. El resultado es una lluvia de confeti que sale del gorro. Con lo que seguramente nos llevaremos muchos aplausos, ya que el gorro en verdad lucirá alegre.

RESTAURANDO CERILLOS

Vamos a necesitar:

Una carterita de cerillos

Le quitamos algunos cerillos a la carterita antes de presentar el truco. Ya en el acto, doblamos un cerillo que se encuentre en uno de los extremos, sin que se den cuenta, y mostramos la carterita. Le pedimos a alguien que se acerque para contar los cerillos, obviamente contará los que están a la vista porque estaremos cubriendo el que doblamos.

Luego con la otra mano quitamos un cerillo y lo encendemos delante de todos, preguntando cuántos cerillos quedaron; sin embargo, al bajar la mano para tirar el encendido, que ya habremos apagado, dejamos que el cerillo doblado se una a los otros, de modo que cuando mostramos la carterita tendremos el mismo número de cerillos que contó el espectador.

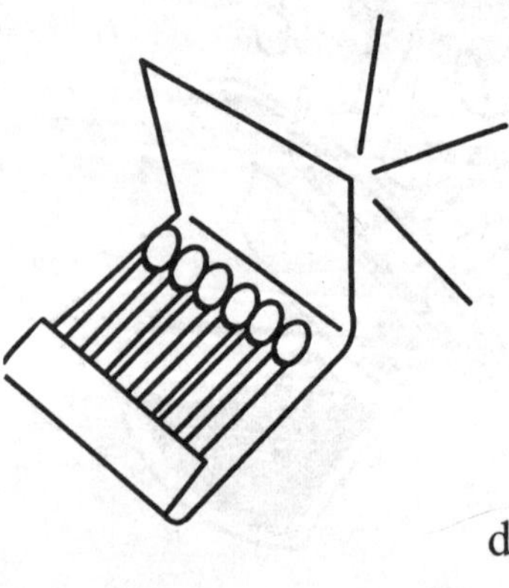

VARIACIÓN

Con la misma carterita podemos hacer otro truco, sólo

que debemos elegir cuál de los dos haremos, ya que no se pueden suceder, porque sería muy obvio.

Estando la carterita llena, doblamos uno de los cerillos de los extremos y mostramos la cartera para que el público vea que le hace falta un cerillo. Luego preguntamos cuántos cerillos faltan, mientras escondemos la carterita en la mano, momento que aprovecharemos para dejar que el cerillo doblado se una al resto. Cuando los espectadores nos respondan, simplemente mostramos la carterita nuevamente, la cual ya deberá estar llena. Este truco es suficiente para recibir muchos aplausos.

DESAPARECIENDO LA BOLITA

Necesitamos:

Tres cajitas medianas o vasos de plástico
Una pelotita pequeña

Colocamos los tres vasos o cajitas sobre la mesa, luego mostramos la pelotita diciendo que la haremos desaparecer.

Metemos la pelotita en la caja o vaso de en medio y comenzamos a dar vueltas, algunas rápidas y otras lentas, es decir, cambiamos de posición los vasos o cajas. En una de estas rotaciones, movemos tanto la cajita o vaso que dejamos que la pelotita caiga en nuestro bote, pero hagamos lo mismo con los otros dos para no levantar sospechas.

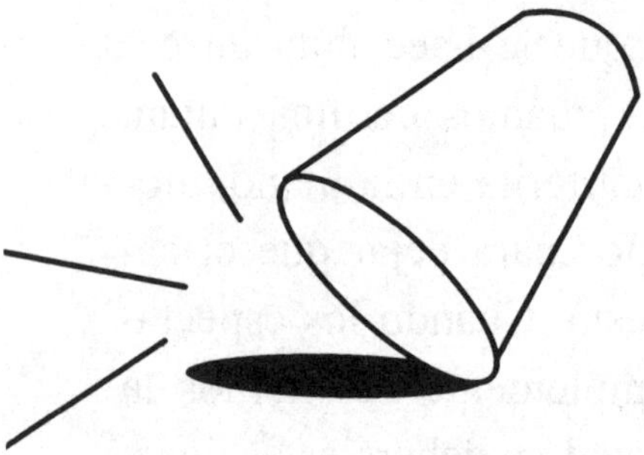

Al parar, pedimos a los espectadores que nos muestren en cuál quedó la pelotita, ellos señalarán una o dos, pero descubriremos las tres, ya que la pelotita, ¡ha desaparecido!

CABELLO MÁGICO

Vamos a necesitar:

3 corcholatas
Un cuadro de papel higiénico
Un cabello

De preferencia el cabello debe ser muy fino para que nadie lo pueda percibir, excepto nosotros los magos.

Hacemos una bolita con el papel higiénico en la que pondremos el cabello de un modo que podamos verlo.

Ya en el acto, le pedimos a un espectador que se acerque. Colocamos las tres corcholatas sobre la mesa y le pedimos que coloque la pelotita debajo de una, ya que nosotros adivinaremos dónde se encuentra.

Nos damos la vuelta, y a la primera señal nos volvemos para adivinar dónde se encuentra, sólo que nos guiaremos por el cabello que debe mirarse. Decimos las palabras mágicas: "Por la luz viene, por la luz va y la magia funcionando está". Y señalamos la corcholata indicada, esto generará aplausos.

LA REGLA ENCANTADA

Éste es un truco bastante sencillo, para el que necesitamos:

Una regla
Un globo

Tomamos la regla y comenzamos a frotarla en nuestra ropa sin que los espectadores lo adviertan,

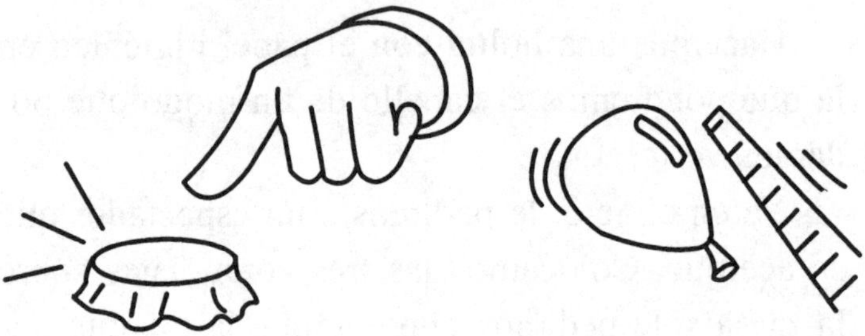

y como estamos atrás de la mesa tenemos más posibilidades de disimular.

Cuando estemos seguros de que la regla ha sido friccionada mucho, sacamos el globo y lo colocamos sobre la mesa. Decimos que con la mente moveremos el globo aunque ayudándonos de un eje que será, y sacamos el objeto que estábamos frotando, la regla.

Fingimos concentración, y pasamos la regla por encima del globo. Podemos hacerlo cuantas veces queramos.

ADIVINANDO LA DENOMINACIÓN

Necesitamos:

4 monedas de diferentes denominaciones

Una taza

Un ayudante

Para este truco forzosamente necesitamos un ayudante, pues es él quien nos dará la pauta para adivinar.

Antes de la presentación, nos ponemos de acuerdo con él o ella para saber cómo poner el asa, por ejemplo:

Moneda de cincuenta centavos = asa hacia la derecha

Moneda de un peso = asa hacia la izquierda

Moneda de dos pesos = asa para arriba

Moneda de cinco pesos = asa para abajo

Toda vez que nos hemos puesto de acuerdo estamos listos para realizar el truco.

Durante la presentación, sacamos la taza y las cuatro monedas y le pedimos a un voluntario que elija una de las cuatro monedas, pero mientras le decimos nosotros nos damos vuelta para no ver qué moneda eligió. Luego le decimos que se la entregue a nuestro ayudante para que la coloque dentro de la taza, mientras que retira las otras de la mesa.

Cuando todo esté listo, nos volvemos hacia la taza y adivinamos qué moneda se encuentra allí dentro, dependiendo de cómo nuestro compañero acomodo el asa. Todos se llevarán una sorpresa.

DESAPARECIENDO UNA MONEDA

Requerimos de:

Una moneda
Un pañuelo
Una serpentina

Antes de la presentación, nos escondemos la serpentina en la manga para que la podamos usar llegado el momento.

Ya en el acto, mostramos la moneda diciendo que la vamos a desaparecer, la ponemos en nuestra mano derecha y encima colocamos el pañuelo. Aprovechando el momento, hacemos que la moneda se deslice por nuestra manga. Destapamos cuando estemos listos para mostrar una mano completamente vacía.

Luego le añadimos un poco de humor diciendo que la moneda no se fue para la manga, es entonces que hacemos como que buscamos y tomamos el extremo de la serpentina haciéndola salir. La mayoría reirá.

LA APARICIÓN DEL CONEJO

Necesitamos:

Un conejo de peluche, pequeño
Un sombrero de copa
Tela negra
Tijeras
Cinta adhesiva

Antes de presentar el truco, metemos el conejo en el fondo y forramos con un poco de tela negra, de modo que parezca que el sombrero no contiene nada.

Durante el acto, mostramos el sombrero para que todos se den cuenta de que efectivamente no contiene nada. Levantamos el sombrero y con la ayuda de nuestra varita mágica removemos la tela que estará únicamente adherida, mientras decimos algunas palabras mágicas. Luego metemos la mano y sacamos el conejo que estaba oculto en el trasfondo del sombrero. Nadie se resistirá a aplaudirnos.

UNIENDO AROS

Vamos a necesitar:

3 aros de metal

A uno de los aros le cortamos un trozo, de modo que por ahí podamos introducir los otros.

Sin embargo, esta parte jamás la mostraremos al público.

Durante el acto, nos acomodamos el aro al que le falta una parte de la mejor manera para que no se vea, así los espectadores creerán que está completo. Tomamos otro aro, completo, y lo mostramos haciendo algunos movimientos en los que de repente los unimos, y en uno de esos movimientos introducimos el aro completo en el otro, y mostramos. Recibiremos algunos aplausos porque ellos no ven la ranura por donde lo introducimos.

Hacemos lo mismo con el otro aro. Todos estallarán en aplausos.

MULTIPLICANDO PAÑOLETAS

Para este truco necesitamos:

Un trozo de tela blanca
Un trozo de tela roja
Un trozo de tela verde
Un paquete de estrellitas
Tijeras

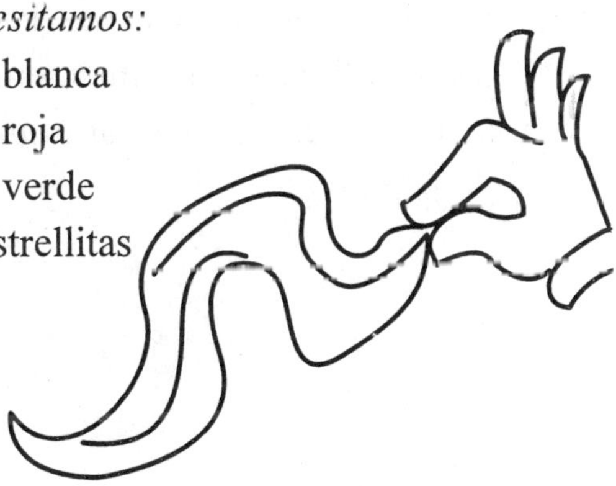

La tela debe ser lo suficientemente delgada y ligera para que podamos manipularla de una mejor manera.

Lo primero que haremos, antes de presentar el truco, es preparar nuestras telas, que deben ser del mismo tamaño. Les pegamos algunas estrellas para que les den más vista y doblamos la roja y verde (las hacemos rollito).

Durante el acto, tomamos la tela blanca, y colocamos los rollitos de la roja y verde junto a ella, pero sin que se vean, ocultándose con nuestra mano.

Mostramos la tela por ambos lados, y decimos que la vamos a multiplicar. Tomamos nuestra varita con la otra mano y decimos algunas palabras mágicas. Dejamos desenrollar primero la tela roja, mientras disfrutamos de algunos aplausos, y luego la tela verde, lo que nos brindará más aplausos. Ya para finalizar, las mostramos a las tres para que vean que en realidad sí multiplicamos el número de pañoletas.

LA CAJA MÁGICA

Necesitamos:

Una caja de regalo
Un trozo de cartón
Una paloma
Tijeras

El cartón debe ser del mismo color que la caja. Lo primero que haremos es crear un trasfondo en el que podamos meter la paloma sin que se vea, ¿cómo?, cortando un trozo de cartón que pondremos encima de la paloma.

Llegado el momento, le pedimos a un ayudante que meta la paloma en la caja y coloque encima el trozo de cartón. Cuando nos pase la caja, la mostramos al público para que se dé cuenta que está vacía. Luego la enderezamos y decimos algunas palabras mágicas, mientras removemos con nuestra varita mágica el trozo de cartón.

Finalmente dejamos que la paloma salga de la caja, lo que seguramente hará volando.

CORTANDO UNA MANO

Ahora necesitaremos:

4 tablas de triplay
Un trozo de unicel
Un serrucho
Un lápiz
Pegamento

A una de las tablas le dibujamos un medio círculo en el centro de la orilla, y recortamos con la ayuda del serrucho.

Cortamos el unicel, y lo ponemos en medio de dos tablas de modo que podamos unirlas pero sin que queden completamente pegadas. Recortamos la última tabla, y la que cortamos primero la ponemos del mismo tamaño que esta última.

Hecho esto, podemos comenzar a practicar antes de presentar el acto. Metemos la tabla que tiene el orificio, y a esa altura le hacemos perforaciones circulares a las dos tablas principales.

Ya en el acto, le pedimos a nuestro ayudante que meta la mano en los círculos, y mostramos la tabla completa a los espectadores explicándoles que ésta atravesará la mano de nuestro ayudante. Metemos la tabla, haciendo que ésta empuje a la que se encuentra adentro y que tiene el medio círculo, obviamente el medio círculo quedará en la mano de nuestro ayudante sin causarle daño, aunque los espectadores creerán que es la completa.

Finalmente retiramos la tabla, y nuestro ayudante saca su mano que se encuentra sana y salva.

TRANSPORTANDO UN DADO

Necesitamos:

2 dados
Un pañuelo
Cinta adhesiva

Antes de la presentación, fijamos un dado debajo de uno de los asientos.

Ya en la presentación, mostramos el otro dado y decimos que lo transportaremos a uno de los lugares. Colocamos encima del dado el pañuelo y balbuceamos algunas palabras mágicas, mientras dejamos que el dado se deslice hasta nuestra manga.

Luego destapamos nuestra mano y mostramos que ya no tenemos nada. Finalmente le pedimos al público que busque debajo de su asiento para mostrar el dado, claro que uno de ellos sacará el que fijamos con anterioridad.

UNIENDO LA CINTA

Requeriremos:

Un paquete de serpentinas
Un ayudante
Tijeras

Aprovechando un descuido del público, nuestro ayudante tiene que meterse una serpentina a la boca cuidando de no humedecerla.

Mientras tanto, nosotros mostramos dos rollitos de serpentina al público y los cortamos con las tijeras. Luego decimos que los vamos a unir nuevamente, cerramos la mano con las serpentinas en ella y decimos algunas palabras mágicas.

Después hacemos como que nuestra mano apunta hacia la boca de nuestro ayudante, y éste aprovechando el momento comienza a sacar la serpentina poco a poco, pues ésta sí se encuentra unida. Mientras los espectadores aplauden y fijan su atención en nuestro ayudante, nosotros nos encargamos de deshacernos de las serpentinas cortadas.

LA CAMISA ENCANTADA

Vamos a necesitar:

2 cuerdas
Un hilo
Una camisa

Doblamos las cuerdas y unimos los centros con un poco de hilo. Pasamos las cuerdas unidas por la camisa de modo que ésta quede suspendida, y la abrochamos de un modo que la cuerda quede sujeta a uno de los botones, pero por dentro.

Durante el acto le pedimos a un voluntario que se ponga la camisa, sin desabrocharla, la cual le hará sentir que se encuentra atrapado. Luego decimos que para liberarlo debemos tirar de los extremos pues la camisa está encantada; le pedimos a nuestro ayudante que tome la cuerda de un lado y nosotros tomamos la del otro extremo, tiramos al mismo tiempo y liberamos al compañero, quien luego se quita la camisa.

APARECIENDO UN RAMO DE FLORES

Ahora necesitamos:

Una cartulina negra

Un ramo de flores artificiales (que puedan doblarse)

Una cartulina blanca

Una barra de plastilina

Un lápiz

Tijeras
Pegamento

Con la ayuda del lápiz, trazamos un rectángulo de aproximadamente 30 cm. de largo por 5 cm. de ancho. Lo recortamos y armamos con él un tubo.

Con la cartulina blanca, le hacemos el fondo a nuestro tubo negro y rellenamos con un poco de plastilina. Fijamos el ramo en la plastilina y lo metemos por el tubo negro mientras embonamos la parte blanca a la negra.

Llegado el momento del acto, les diremos a todos que apareceremos un ramo de flores. Sacamos nuestra varita auxiliadora, que es la que acabamos de fabricar, y decimos algunas palabras mágicas golpeándola sobre la mesa; durante los golpes tiene que desprenderse la tapa dejando salir el ramo de flores.

VARIACIÓN

Podemos hacer el mismo procedimiento, pero en vez de meter un ramo de flores al tubo, podemos meter un pañuelo en donde dibujaremos previamente un pez. Así que diremos que apareceremos un pez, por lo que todos se mostrarán muy interesados, ya que no es tan posible sacar a uno de estos animalitos de un tubo, y en verdad no lo haremos, porque en cuanto mostremos el pañuelo con el pez dibujado, todos romperán en aplausos.

¿DÓNDE QUEDÓ LA RONDANA?

Para este truco necesitamos:

3 latas de atún
Un bote de pintura para maqueta negra
Una rondana
Un imán
Un pincel
Cinta adhesiva

Lo primero que haremos es lavar muy bien las latas de atún, las dejamos secar y pintamos de negro, de preferencia con tres manos.

Cuando las latas estén bien secas, ponemos en una de ellas el imán con la cinta adhesiva. Por último, pintamos la rondana también de color negro.

Ya en el acto, sacamos las tres latas de atún y las ponemos en la mesa, cuidando de que la que contiene el imán quedé en el centro. Luego mostramos la rondana y la metemos en la lata de enmedio sin dejar de hablar para que los espectadores no escuchen cuando la rondana se adhiere al imán.

Movemos las latas pidiéndoles a los espectadores que no pierdan de vista la que contiene la rondana. Al parar, les pedimos que nos señalen la lata indicada, cuando lo hagan levantamos para dejar mostrar que ahí no se encuentra nada. Después levantamos las otras dos para que vean que hemos desaparecido la rondana. Por este truco recibiremos varios aplausos.

TRUCO DE ESCAPISMO

Vamos a necesitar:

2 trozos de cuerda
Un metro de manguera
Un serrucho

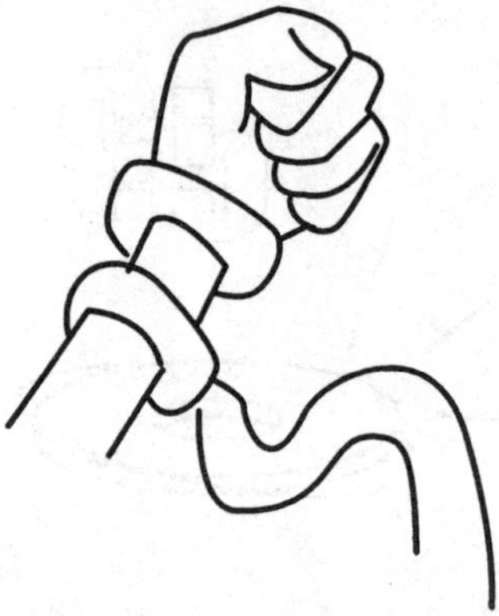

La manguera la preparamos de la siguiente manera: en el centro, y con la ayuda del serrucho le hacemos una perforación a la manguera, de modo que nos quede un hueco por el que puedan salir las cuerdas, pero sin desunir el tubo de manguera.

Introducimos cada una de las cuerdas, dobladas, por ambos lados logrando que el medio de cada una salga por la perforación.

Ya en la presentación, le pedimos a nuestro ayudante que nos ate a las cuerdas amarrando, si gusta, los extremos que salen, pero dejando libre dos. Así, cuando llegue el momento, jalamos nuestras manos liberándonos de inmediato, ya que las cuerdas estaban dobladas, quedando libre un extremo de la soga que nos permite liberarnos.

EL TRUCO DE LAS MASCADAS

Necesitamos:

5 mascadas de diferentes colores

Un tubo de pañuelos de papel o papas

Una cartulina negra
Tijeras
Cinta adhesiva

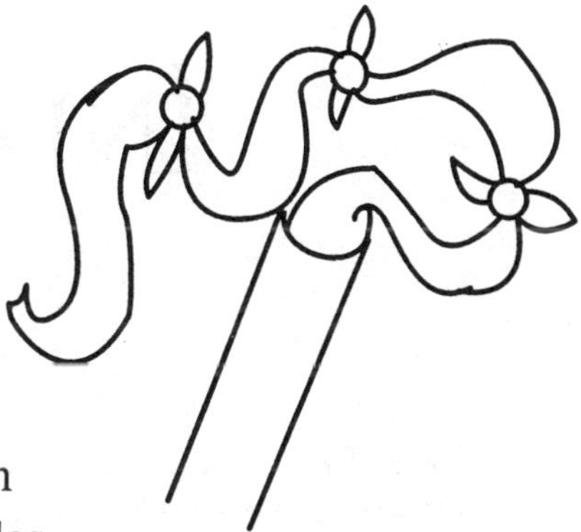

Amarramos las mascadas unas a otras, y las acomodamos en la orilla del bote. Luego con la ayuda de la cartulina, las forramos, lo que será un trasfondo.

Durante la presentación, mostramos el bote que se den cuenta de que se encuentra vacío, luego decimos algunas palabras mágicas y buscamos la punta de las mascadas que ha estado oculta y comenzamos a jalar con suavidad para que no se nos venga el trasfondo. El resulta de será que las cinco mascadas saldrán al mismo tiempo.

ÍNDICE

Esta obra se terminó de
imprimir en los talleres de
Impresos JULMAR ,
José T. Cuéllar 98 , Col. Obrera,
Alcaldía Cuauhtémoc,
CDMX, C.P. 06800.